NATIONAL GEOGRAPHIC

People Go Up

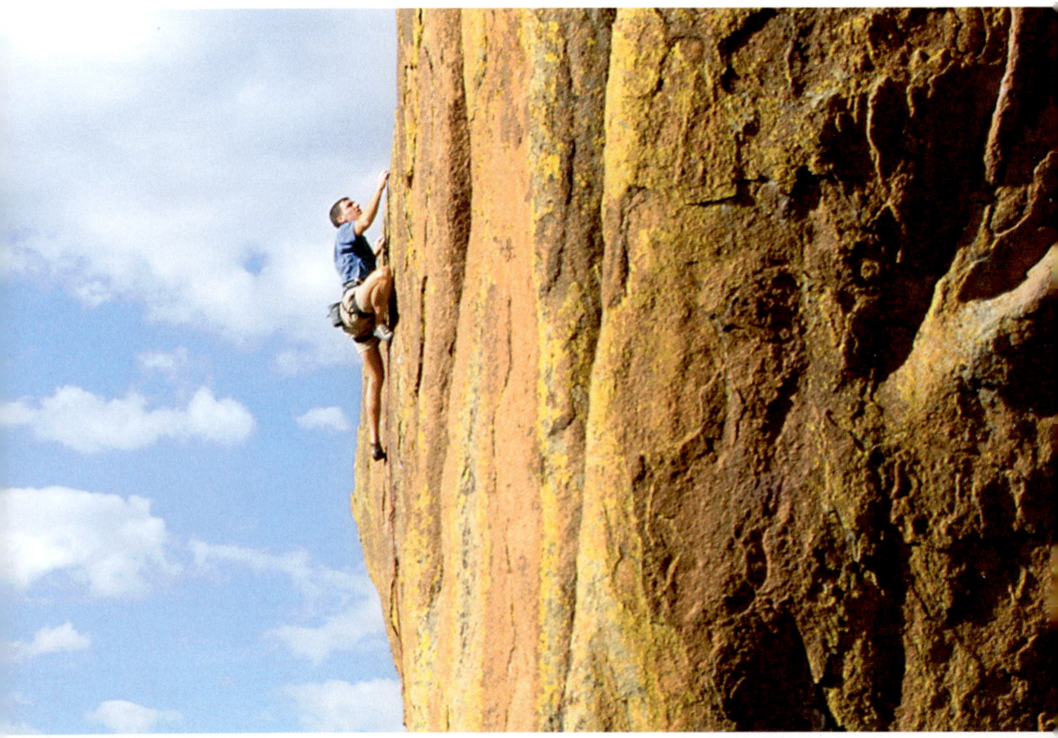

Jan Pritchett

People go up.

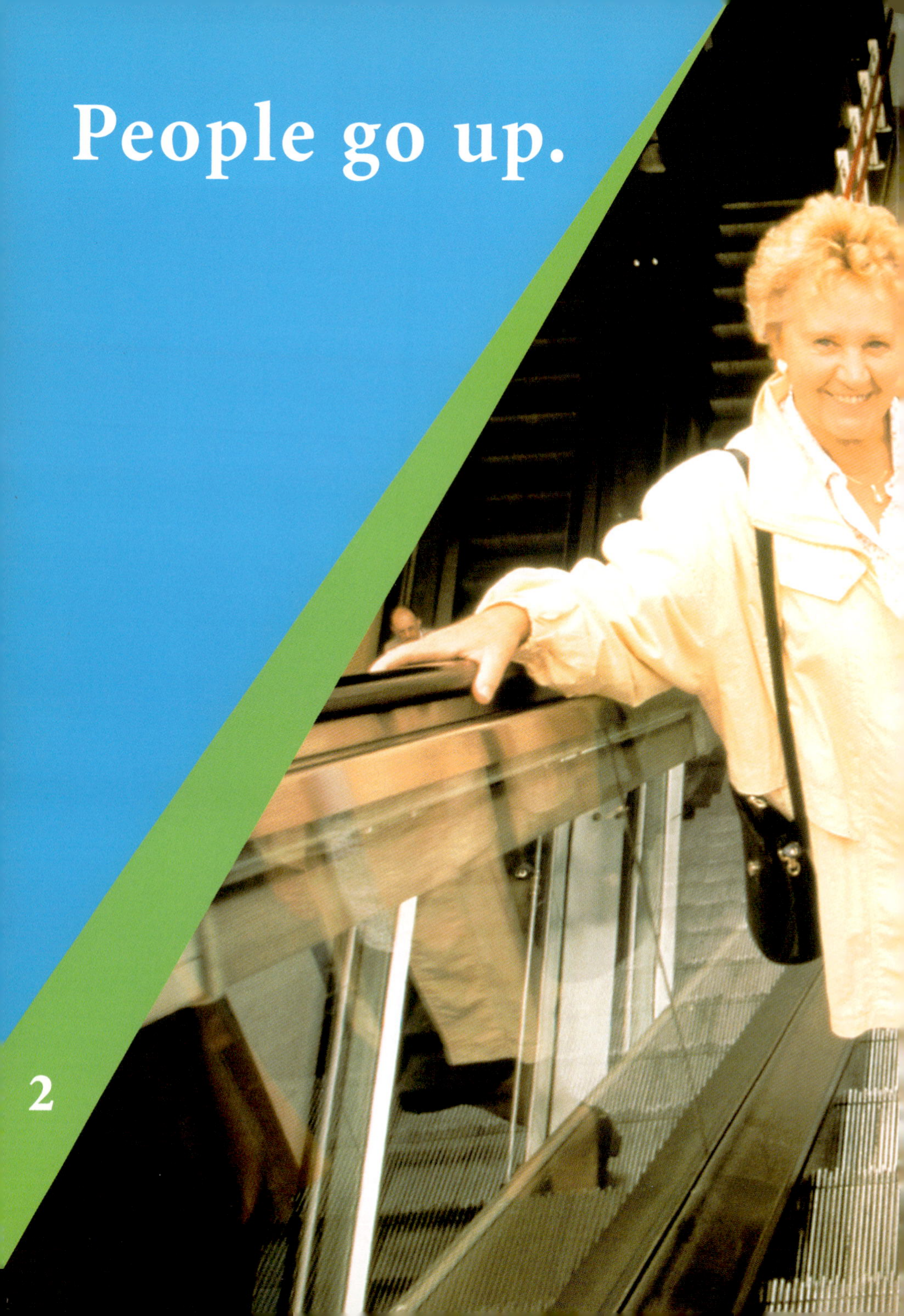

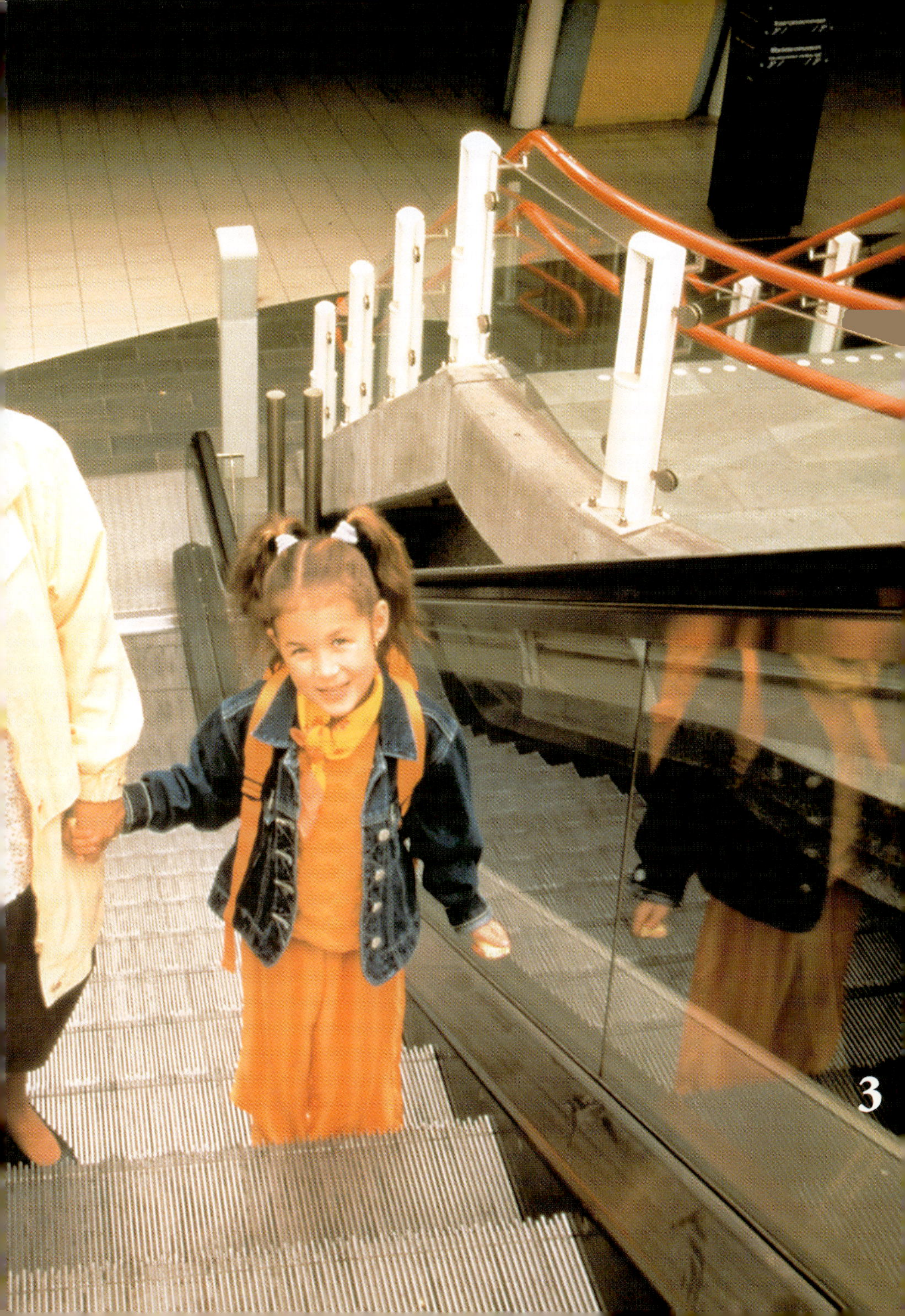

People go up.

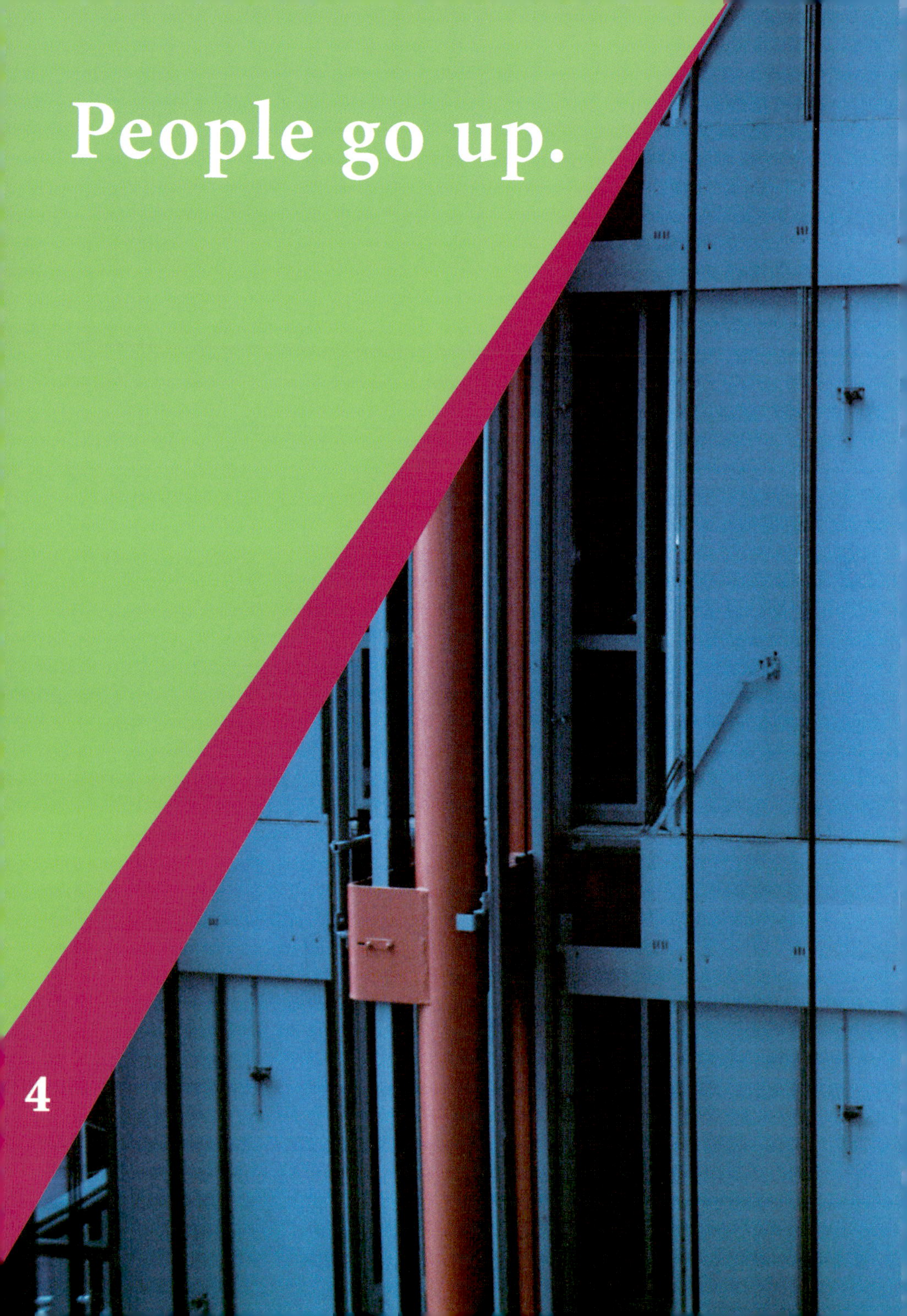

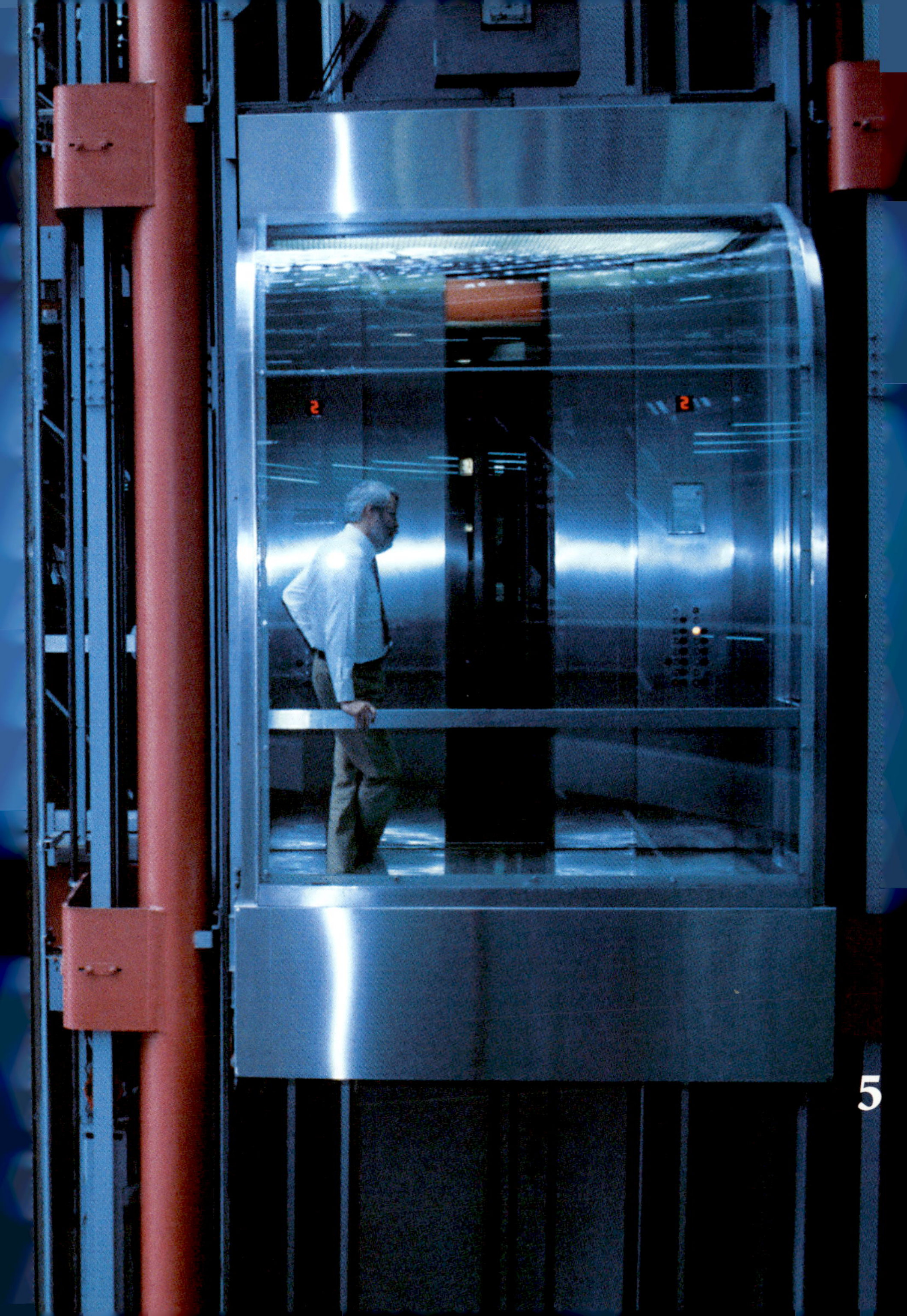

People go up.

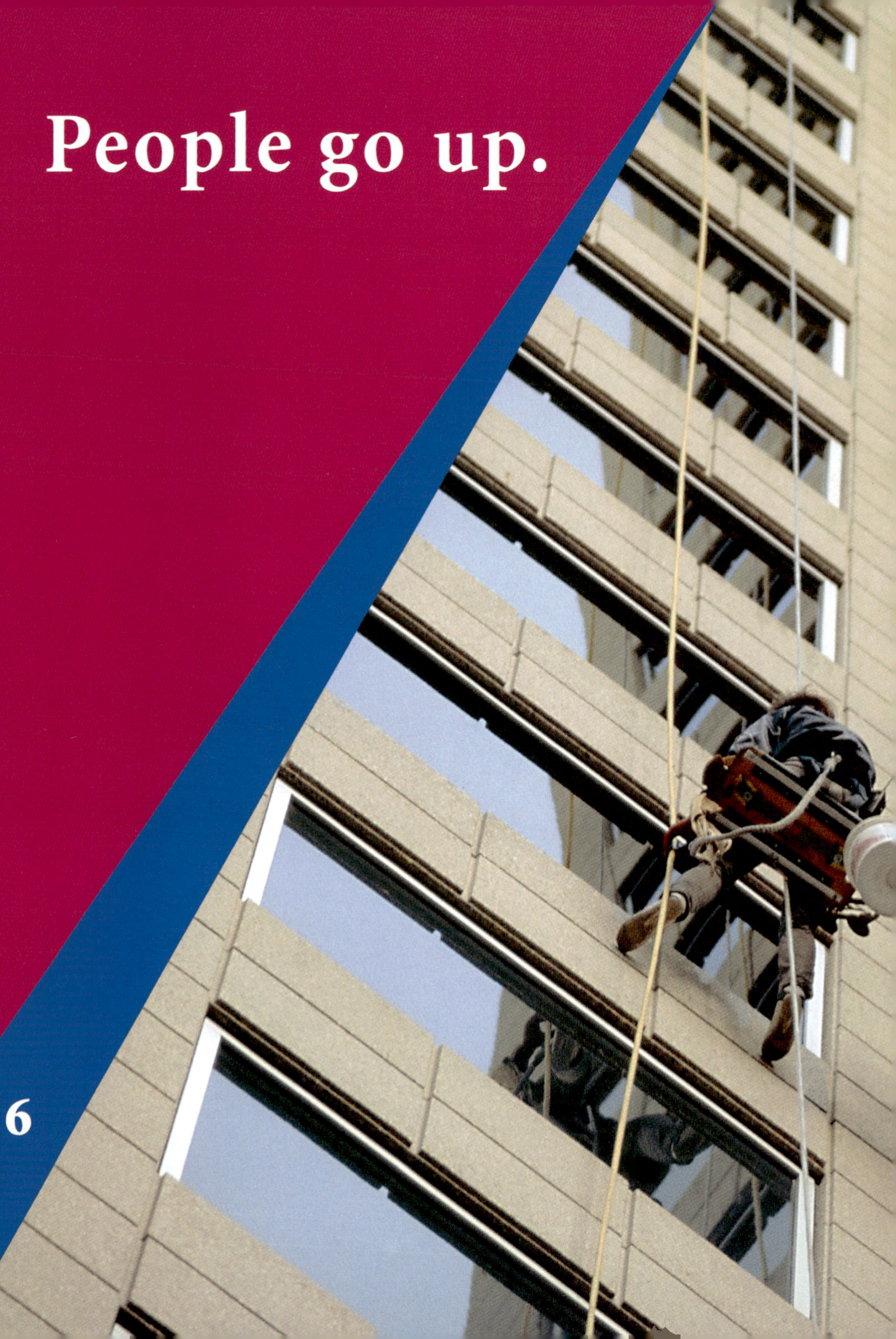

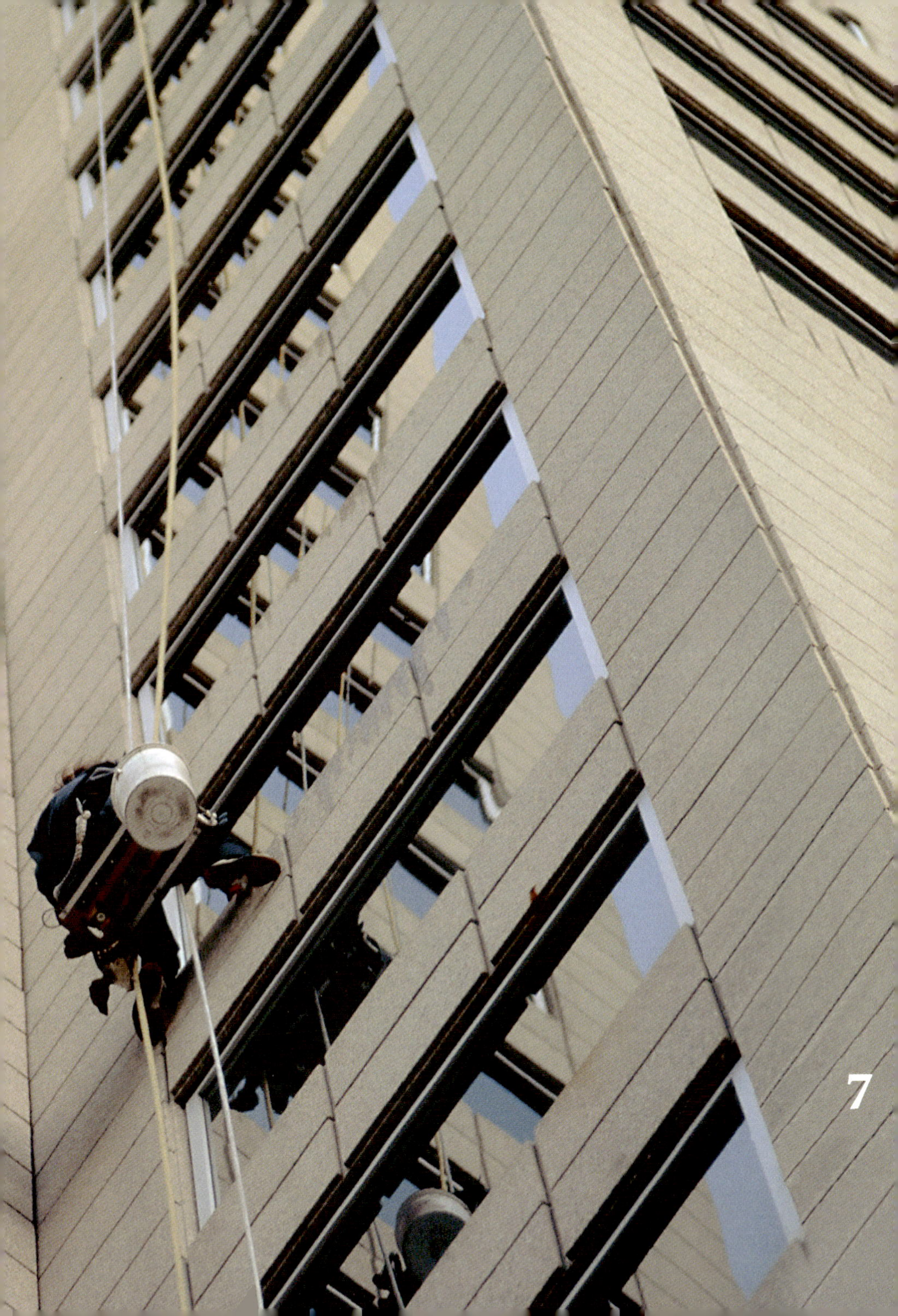

People go up.

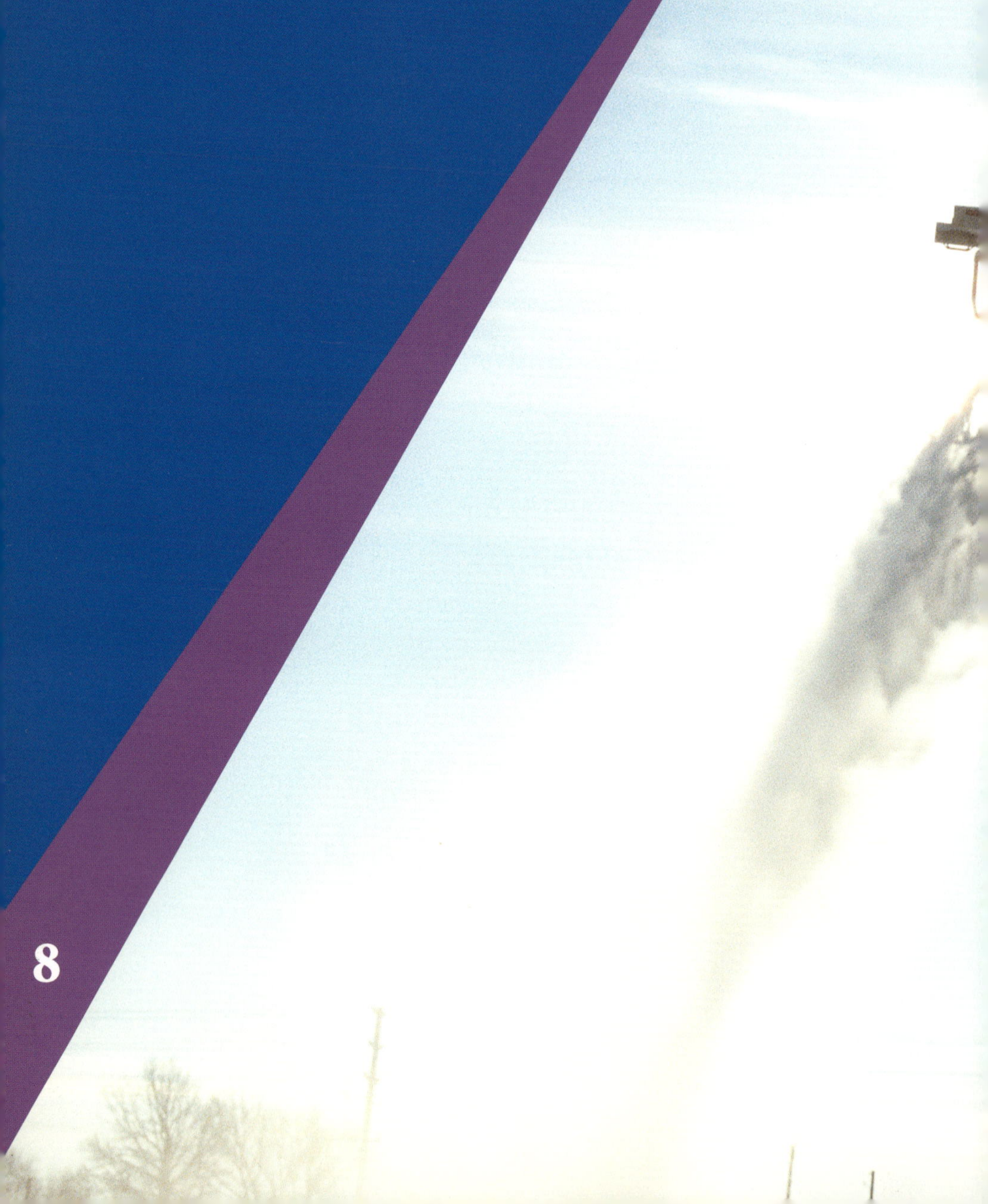

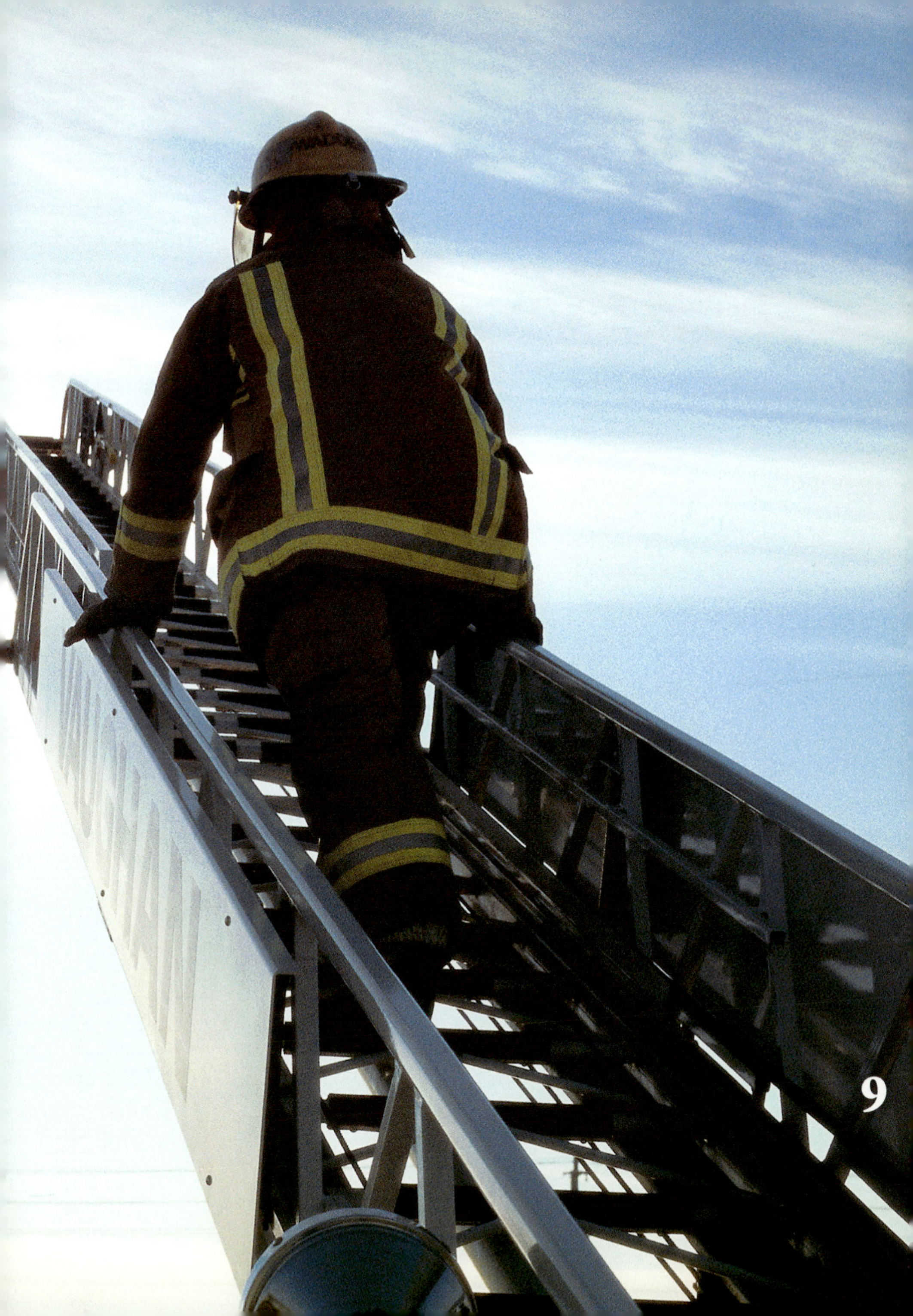

People go up.

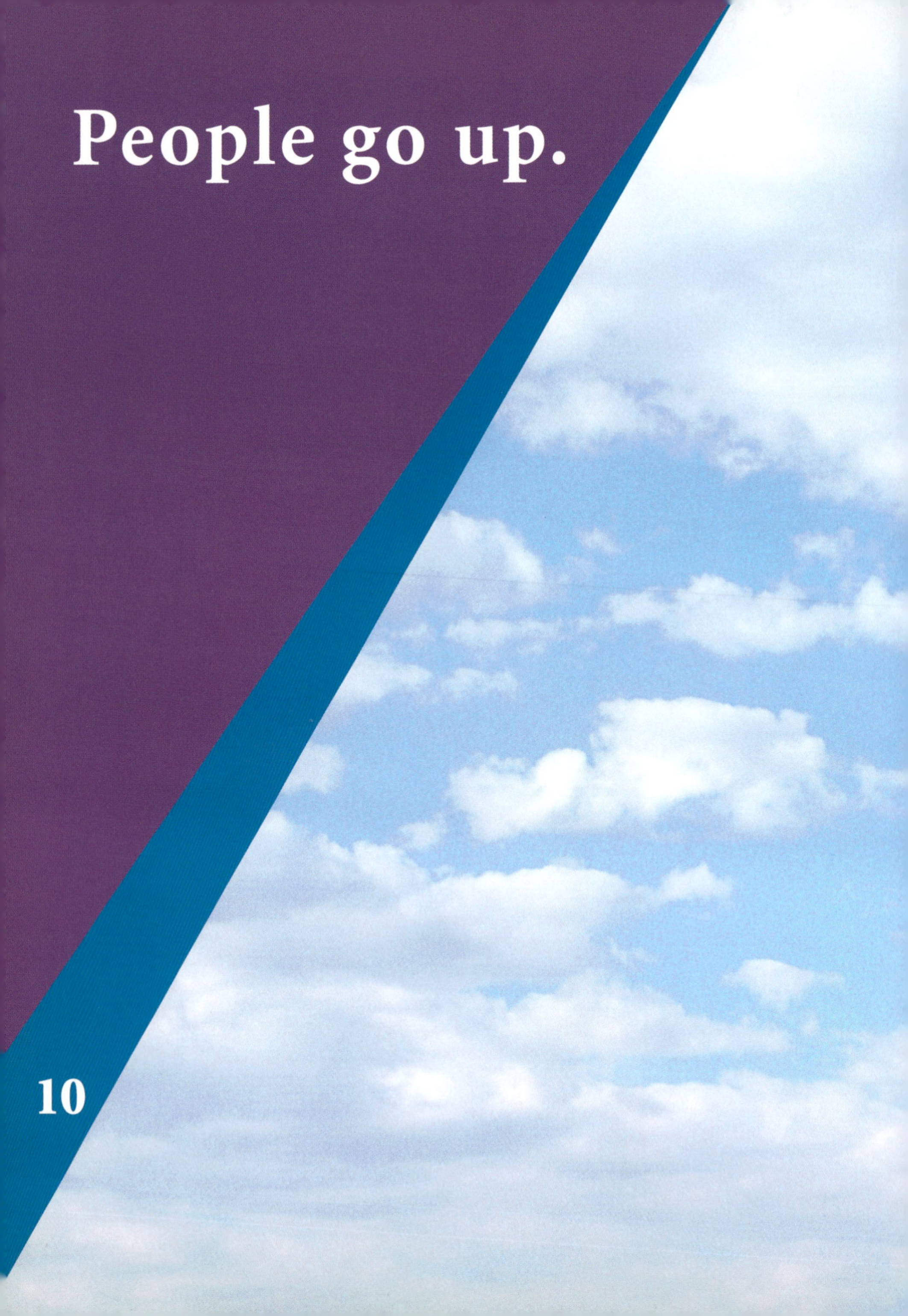

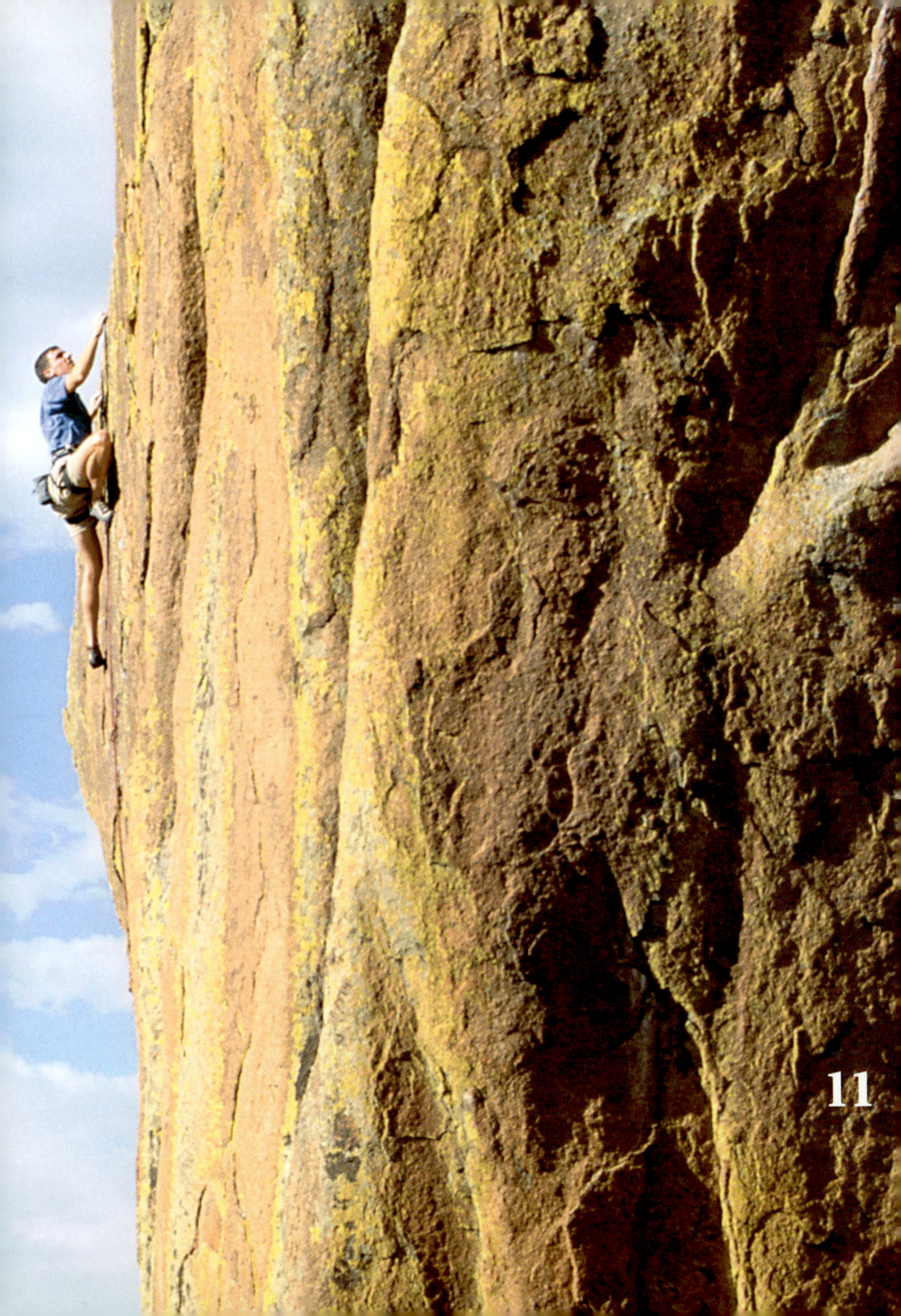

People go up.

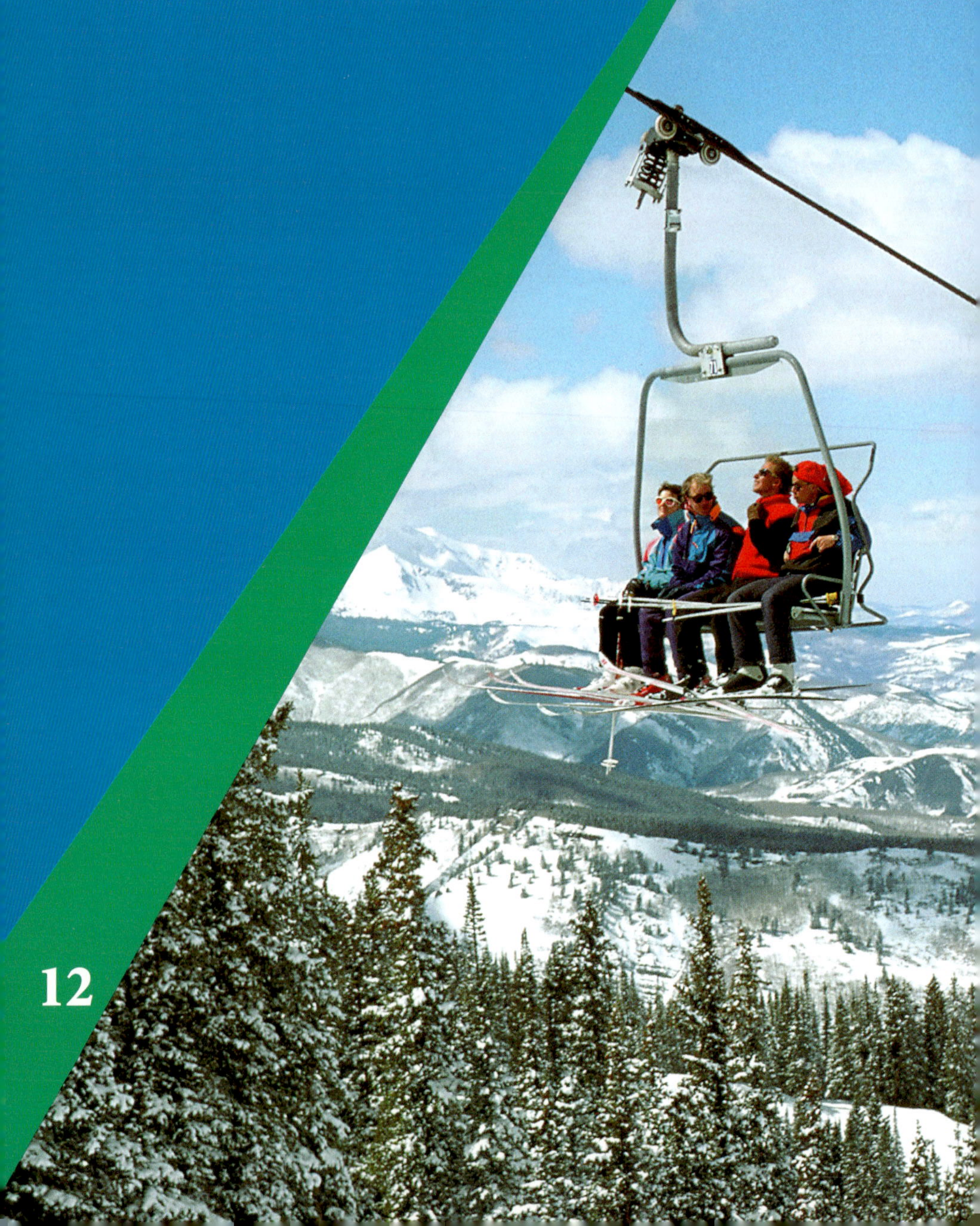